日本居住福祉学会

居住福祉ブックレット

4

日本の居住政策と障害をもつ人

大本圭野

Omoto, Keino

東信堂

はじめに

障害とは、先天的・後天的なものなど種々あるが、ソーシャル・ハンディキャップといわれ、あらゆる障害が社会的条件を整備することにより社会的に克服できるのである。障害の社会的克服こそ、社会的努力としての社会政策の主要な課題なのである。わかりやすくいえば、メガネを掛けている人を誰も障害といわないように、メガネを整備することにより近視・遠視の障害を克服することができるのである。

居住するとは、地域社会＝コミュニティーをつくることである。人類の進歩とは「人びとが共同・協働することに自覚的になること」といわれるように人類史のなかで人々が幸せになる原理を経験的に発見したのである。住むとは、そこに住む人びとの相互の共同・協働によって住みやすい地域社会をつくる過程である。時代により住む人びとが替われば、新たに住みやすい地域社会をつくることが必要となる。今直面している超高齢社会（＝障害をもつ人の多い社会）には、新たに地域社会＝コミュニティーの形成を必要としている。

近年、「自己中」いわゆる自己中心的な人間（＝エゴイステックな人間）が多くなったといわれるが、それが本当なら人びとの相互の助け合いや連帯という共同・協働の行動のない人びとの集まりとなり、それは地域社会＝コミュニティーの崩壊につながり、また新たなコミュニティーの形成が困難なことを意味する。本来、人は自分のためだけには生きられない。人は他者のためにも生きることによってしか生きられない存在である。未来はいかに人の精神に共同・協働的観念を覚醒し、問題を共有し、社会的克服としての社会的政策につなげてゆくかにかかっている。それが二一世紀の人類の進歩といえよう。

地域社会は、そこに住む主権者が計画に参画することにより住みよい条件を形成できるのである。従来、主権者とは社会的強者つまり資本主義社会における労働力となりうる人びとが中心であって、障害をもつ人、高齢者、病弱者、児童、外国人などは社会的弱者として社会から排除されてきた。しかし近年、障害をもつ人当事者の運動および人権思想の高まりが政策を動かし始め、障害をもつ人びとが社会の主権者として位置づけられつつあることは歴史の大きな転換である。

それには、一九八〇年代のノーマライゼーション、一九九〇年代のソーシャル・インクルージョン(=社会的包摂)概念の登場が重要であり、さらにその具体的な政策としての脱施設化があろう。そのためには基底となる地域社会=コミュニティーの存在が前提であり、コミュニティーの核となる居住のあり方が、障害をもつ人びとにとって地域社会=コミュニティーで市民として自立した生活を可能とする鍵となろう。

戦後福祉国家は、居住の政策を社会政策の一環として実践してきたが、わが国では居住は個人の責任とされ、社会的な政策としてなされてこなかった。二一世紀におけるわが国は、ノーマライゼーション、ソーシャル・インクルージョン、脱施設化の実現のためにはヨーロッパ諸国に比べて相当な困難に直面し、また大きな社会的努力が必要となろう。

九〇年代以降、わが国では中高年のリストラで職場を追われ、住宅ローンをかかえた自殺者が増大している。また障害をもつ人、高齢者、単身女性など、社会的に弱い立場にある人びとは、民間住宅市場で家を貸してもらいにくい、住宅の修繕さえ家主の許可がなければできない、また修繕の許可をもらっても料金を取られるなど、居住の差別があり、社会的に安心して住める住居の保障から排除されている。これらは戦後日本の住宅政策が、基本的には社会政策としてではなく経済政策として遂行され、「住居は個人の責任」という政策思想が貫かれてきた結果だといえよう。

近代日本の歴史のなかで障害のある人への対応をみると、戦前の天皇制下の資本主義における政府の政策は富国強兵・殖産興業の促進が中心目標であり、それに貢献しないとみなされた障害をもつ人の福祉は民間ボランティアが担わざるを得なかった。つまり、戦時に備え健民健兵の育成が中心政策であったから、障害をもつ人の人権が無視されてきたのであった。

戦後、ＧＨＱの福祉改革によって生活保護法（一九四六年、改正一九五〇年）をはじめとする身体障害者福祉法（一九四九年）などが制定され政策的に大きく転換するが、施設主義福祉のもとで障害をもつ人への住居の保障とは福祉施設かあるいは家族に依存した、とくに嫁に依存した介護であった。戦前から引き継いだ社会的生活習慣のもとで障害をもつ人の生活は、家族に依存するか、施設に依存するか、いずれにしろ自立生活とはかけ離れた社会的隔離が当然視された。

他方、戦後の復興にあっても強兵は陰をひそめたものの、依然、産業振興が第一とされ、国民一般の住居は等閑視された。憲法で最低生活の保障は国の責務となったものの、無差別平等を原則とする生活保護は最低の経済的生活保障であっても住居の保障はなかった、といっても過言ではない。

七〇年代後半から八〇年にかけて国連による〝参加と平等〟をうたった「国連障害者年」を契機に、世界的にノーマライゼーション原理が認知され、障害者福祉も施設主義から在宅主義に大きく転換した。北欧では「高齢者（障害者）福祉は住宅に始まり、住宅に終わる」とまでいわれるほど、在宅福祉、つまり住みなれた住居での自立生活の重要性が強調され、そのための努力も進められてきた。

人間の尊厳とは、まずはひとりの個人として自立した生活が可能であることによって保たされるが、同時に人は人のつながりのなかでしか人になれないのである。したがって、まず自立した生活を可能にする安心して住める住居が確保できることと、あわせて自由に近隣、職場にアクセスできることが最低必要条件とされなければならない。

本書ではこうした問題視角から、スウェーデンおよびアメリカという一見、対極的な両国との比較をふまえて日本における障害をもつ人への居住政策の課題を明らかにしたい。

目　次／日本の居住政策と障害をもつ人

はじめに……i

一、ノーマライゼーション原理と国連社会権規約委員会の「居住の権利」……3

1　ノーマライゼーション原理と「生活の質としての居住」　4
2　国連社会権規約委員会における「居住の権利」　6
3　第二回国連人間居住会議（「ハビタットII」）と「居住の権利」　9
4　「居住の権利」・「強制退去」に関する勧告と日本政府の対応　11

二、ノーマライゼーション、ソーシャル・インクルージョンに基づく居住政策……15

1　社会的排除から社会参画へ　15
2　スウェーデンにおける障害をもつ人の自己決定権・当事者参加　17

ノーマライゼーションに基づく施設解体（17）　ノーマライゼーションの居住政策―建築法、建築基準法（19）

3　アメリカにおける障害をもつ人への居住差別禁止とバリアフリー化　20
公民権として障害をもつ人への居住環境差別禁止―ＡＤＡ（21）　障害をもつ人への居住差別の禁止とアクセス化―公正住宅改正法（24）
4　バリアフリーからユニバーサル基準へ　27

三、わが国における障害をもつ人への居住政策……………………31
1　障害をもつ人への居住保障の立ち遅れ　31
2　障害者施設・精神病院における脱施設化と地域社会の居住条件　34
精神障害をもつ人びとの居住条件と実態（34）　知的障害をもつ人びとの居住条件と実態（37）
3　アクセスの自由――建物・交通機関の障壁の除却　38
4　バリアフリー法の問題点　42

四、わが国自治体におけるユニバーサル基準のまちづくり……………45
1　静岡県におけるユニバーサルデザインのまちづくり　46
政策思想と内容（46）　政策の評価と課題（49）
2　帯広市におけるユニバーサルデザインのまちづくり　52
政策思想と内容（52）　政策の評価と課題（53）

3　千葉県の障害者差別禁止条例案　54
おわりに―わが国の政府および自治体の課題……57
注及び参考文献(61)

日本の居住政策と障害をもつ人

一、ノーマライゼーション原理と国連社会権規約委員会の「居住の権利」

一九八〇年代、国際的に居住に関して大きな転換があった。一つは、福祉においてノーマライゼーションが実践に移され施設主義から在宅主義へと転換し、住みなれた地域でのケアの場としての住居が重要視されるようになったことである。二つは、国連の社会権規約委員会による一般意見四「居住の権利」に関する問題提起である。まずは両者の内容と意義をとりあげてみよう。

1　ノーマライゼーション原理と「生活の質」としての居住

ノーマライゼーションの概念は、一九五〇年代、スウェーデンのベンクト‐ニィリエ氏[1]によって世界ではじめて提起され、一九六〇年代、デンマークのバンク‐ミケルセン[2]により法制化され実践された。ノーマライゼーションの原理とは、知的障害やその他の障害をもつすべての人に、彼らがいる地域社会や文化のなかでごく普通の生活環境や生活方法にできるかぎり近い、もしくはまったく同じ生活形態や生活状況が得られるように、権利を保障するということを意味している。

その平等の権利とは、

①一日のノーマルなリズム
②一週間のノーマルなリズム
③一年間のノーマルなリズム
④ライフサイクルにおけるノーマルな発達的経験
⑤ノーマルな個人の尊厳と自己決定権
⑥その文化におけるノーマルな性的関係
⑦その社会におけるノーマルな経済水準とそれを得る権利

⑧その地域におけるノーマルな環境形態と水準の保障[3]

からなる。

ノーマライゼーション概念は、普通の生活をすることを前提に生活の質を向上させることをねらいとして、知的障害をもつ人への政策原理として出発したのであるが、具体的政策としてはまず身体障害をもつ人への物理的障壁を取り除くこと、つまりバリアフリーからとりくみが進められた。一九七四年、国際障害者生活環境会議において『バリアフリーデザイン』報告書が提出され、そこではじめてバリアフリーという言葉が使われた。

そこでは「障壁がないように意図された設計（バリアフリー）は、障害をもつ人にとってだけでなく社会のすべての人びとに良いのだという事実を強調すべきである。それがはっきりすれば、社会一般の人びとからの支援をも受けやすくなるであろう」と指摘された。

一九八一年の国際障害者年では、その年に掲げられた「完全参加と平等」を達成するためには、物理的社会的障壁を除去し機会均等化を進めることが重要であると強調され、一九九三年の第四八回国連総会において「国連・障害者の機会均等化に関する標準規則」が採択された。

この規則は、障害のある人の権利と自由を妨げる障壁の存在が障害のある人の社会参加を難しくしていることを指摘し、総会はこの障壁を除去するために、国連加盟各国の国内における障害者施策の推進においてこの標準規則を適用することを要請した。

2　国連社会権規約委員会における「居住の権利」

「居住の権利」に関する国際的とりくみは、「世界人権宣言」とそれに基づく国際人権条約・宣言の立場に立って国連社会権規約委員会においてなされてきた。具体的には一九九一年の社会権規約委員会一般意見第四の「適切な住居に対する権利」において明確にその内容が提起された。その内容は以下のとおりである。

①居住への法的安全(tenure)を保障すること。

公的および私的賃貸住宅、共同住宅、借家、保有者占有(持ち家)、緊急住宅、および土地または財産の所有を含む非公式の定住を含めたさまざまな形態、所有の種類にかかわって、すべての人に強制退去、嫌がらせ、および他の恐れに対する法的安全を保障すること。

②サービス・物資・設備、およびインフラストラクチュアーの利用が可能であること。

適切な住居は、健康・安全・快適さ、および栄養摂取に不可欠な一定の設備を含まなければならない。安全な飲み水・調理・暖房および照明のためのエネルギー、衛生、および洗濯設備、食料貯蔵手段、ごみ処理、排水、および緊急サービスに対する継続的なアクセスを有すること。

③住居費の支払い可能性(affordability)。

経済的に手の届く住居を得ることができない者のための住居補助金を設けるべきである。資金的な居住可能の原則にしたがって、賃貸人は、適当な方法により不合理な賃貸レベル、または賃貸金の増加から保護されるべきである。住居にかかわる個人または家計の財政的費用は、基本的ニーズの達成および充足が脅かされ、また譲歩することのないような水準であるべきである。

④居住可能性(habitability)。

適切な住居は、居住者に十分なスペースを与え、居住者を寒さ・湿気・熱・雨・風、またはその他の健康への脅威、構造的危険、および病原菌媒介動物から保護するという観点から居住可能なものでなければならない。

⑤アクセス可能性(accessibility)。

適切な住居は老人・子供・身体障害者・不治の病人・ＨＩＶ陽性の人・慢性の医療問題を有する人・精神病者・自然災害の被害者・災害を受けやすい地域に住む人びと、およびその他のグループは、住居においてある程度の優先的配慮を確保されるべきである。

⑥場所(location)。

適切な住居とは雇用の選択肢、健康ケアサービス、学校、児童ケアセンター、およびその他の社会設備へのアクセスを可能にする場所になければならない。

⑦文化的相当性。

住居が建築される方法、用いられる建築資材およびそれらを支える政策は、文化的アイデンティティー、および住居の多様性の表現を適当なかたちで可能にするものでなければならない。[4]

以上の七項目にわたる住むに値する住居の権利を掲げて、締約国に対して適切な住居に対する権利の完全な実現を達成するために措置を取ることを要求している。

また、一九九四年の一般意見第五では「障害をもつ人に対する権利」[5]を掲げている。そこでは、まず「障害者(disable persons)」という用語から「障害をもつ人(persons with disabilities)」という用語を用いることを提起している。障害に基づく差別を撤廃する義務を掲げて、障害をもつ人が、統合された・自己決定的な・独立した生活を送ることを可能にする社会政策計画を定めるべきであると提起している。そのうち住居に関する具体的規定では、適切な生活水準に対する権利の一つとして位置づけられ、『『一般意見四』であげたように、適切な住居に対する権利はアクセス可能な住居に対する障害をもつ人の権利を含む」としている。

障害をもつ人が雇用されないのは、輸送、住居、および労働場所などに身体的障壁があることが多いからである。たとえば労働場所が車椅子でアクセス不可能なかたちで設計されているかぎり、雇用者は車椅子使用者を雇用しないことを「正当化」できるであろう。同様に教育および職業訓練においてもアクセス可能な交通手段を確保しないことは通学・通所を不可能にするとしている。

3　第二回国連人間居住会議（「ハビタットII」）と「居住の権利」

先進国、開発途上国を問わずホームレス、難民問題、強制立退きが生じており高齢者・障害をもつ人・子ども・女性などの差別と居住権侵害が深刻であることにかんがみ、かつまた居住の持続可能性の必要性への認識の高まりを背景として一九九六年、第二回国連人間居住委員会＝ハビタットIIが開催されるにいたった。世界一七一カ国参加のもとに「人間居住に関するイスタンブール宣言」および「ハビタットII・アジェンダ＝行動指針」を採択し、「住居は基本的人権の基礎である。各国政府は居住の権利を完全かつ漸進的に実現する義務を負う」ことを「居住の権利宣言」として表明した。

「ハビタットII」(一九九六年)では大きく二点について決定された。

一つは、「居住の権利」＝「適切な住まいに住む権利(adequate housing)」という新しい概念を打ち出し、それを独立した「基本的人権」として位置づけられ世界各国から承認された。そして、その政策的実現を、それぞれの政府が自国の住宅政策の最重要課題として努力することを確認しあった。

二つは、都市化や工業化の進展によって自然環境や生態系の破壊が進みつつある実態から、環境と調和した発展ができるような居住をめざす「持続可能な人間居住(the sustainable human settlement)」が強調されたことである。

ハビタットII・アジェンダでは「すべての人のための適切な住宅」が具体的に問題とされた。その内容は、「諸国際文書が定めた適切な住宅に対する権利の完全で漸進的な実現に向けての誓約を再確認するものである」と冒頭に述べ、ついで「すべての人が基本サービス・公共施設・アメニティを含む、健康で・安全で・安定した・入手しやすく・低廉な適切な住宅をもち、住宅供給において差別されず保有権の法的保障のある自由を享受する」と規定し、一四項目にわたる諸課題の遂行の誓約が掲げられた。

障害をもつ人との関連では「障害をもつ人にもアクセスを可能とする標準を設計し実行すること」としている。

これらは基本的には上記の社会権規約委員会の「一般意見四」に定めた居住に関する七つの基準を基礎とし、いっそうの権利の明確化をはかったものととらえられる。

4　「居住の権利」・「強制退去」に関する勧告と日本政府の対応

人権規約委員会は、規約の実効的な国内実施をめざして条約批准国に対して定期的な報告書の提出を義務づけた。ついで社会権規約委員会では一九九一年に報告ガイドラインをつくり[6]、各国政府はそれにそって人権実現の実態に関する報告書を作成し提出している。

委員会は、二〇〇一年八月二一日に開かれた第四二回および第四三回会合において、社会権規約の実施に関して日本の第二回定期報告書を検討し、第五六回会合の(二〇〇一年八月三〇日)において総括所見を採択した[7]。

今、「居住の権利」部分に関する勧告事項をみると、以下の五点が指摘されている。

第一点は、住宅政策などの国内法に社会権規約が入れられていない、社会権規約上の義務違反であるとして、「規約の規定が立法上および行政上の政策ならびに意思決定過程で考慮に入れられることを確保するため、締約国が環境影響評価＝環境アセスメントと同様の『人権影響評価』その他の措置を導入することも奨励されるところである」と勧告された。

第二点は、阪神・淡路大震災の被災者である高齢者への住居保障のあり方、家族を失った人びとへの精神的・心理的治療への無策、貧困層にとっての住宅再建資金の調達困難など政府および自治体の対応に対する勧告がなされた。「締約国が、兵庫県に対し、とくに高齢者および障害のある人々に対するコミュニティ・サービスを改善および拡大するよう奨励することを勧告する」というのがそれである。

第三点は、日本のホームレス問題について日本政府は包括的な計画を定めていないことを懸念するとして、「日本におけるホームレスの規模および原因を評価するための調査をみずからおよび都道府県と共同して実施するよう促す。ホームレスの人々に対して十分な生活水準を確保するべきである」と勧告している。

第四点は、強制立退きについて、「裁判所がいかなる理由も示さずに仮の立退き命令を発することができ、かつ当該命令が執行停止の対象とされないという手続きの略式性をとりわけ懸念するものである。このことにより、いかなる不服申立て権も意味を成さないものとなり、かつ仮の立退き命令が実際上は確定命令となってしまう。これは一般意見第四号、第七号違反である」と批判している。このことは日本の国民民事訴訟法による保護すら確保されていないことを意味している。これに対して「あらゆる立退き命令およびとくに裁判所の仮処分命令手続きが一般意見第四号、第七号の指針に一致することを確保するため、是正するための行動を起こすよう勧告する」と指摘された。

第五点は、居住差別の禁止に関して、「日本国が差別禁止立法を強化することを勧告する」というものである。だが日本には差別禁止を強化する以前の住居差別そのものを禁止する法が存在しないのである。

以上の勧告は、日本において居住の人権が保障されていないことを具体的に指摘し、政府に人権の回復・改善を求めたものであるが、わが国の政府は「これらの勧告に対して好ましく思っておらず、また勧告は法的拘束力がないため実施しない」[8]という態度をとっている。

二、ノーマライゼーション、ソーシャル・インクルージョンに基づく居住政策

1　社会的排除から社会参画へ

一九九〇年代にヨーロッパ諸国とくにフランス、英国などで失業の増大を起因として「社会的排除」という社会的問題に対する新しい概念として「ソーシャル・インクルージョン（社会的統合）」が出てきた。旧来の社会からの差別とは異なり、失業や貧困によって社会の構成員として扱われず、社会に参加することから排除される状態、市民的権利が十分に行使されない社会的不利な状態が生み出されたことによって使われるようになった。

従来、失業や貧困は社会保障によってサポートされてきたが、経済的保障だけでは解決できない問題であり、このことが社会保障制度の限界となり、高齢者、障害をもつ人、児童、母子家庭、外国人、少数民族などの人権問題として登場するようになった。とくに障害をもつ人びとが、社会参加・参画の機会および諸機関から排除され、社会および地域社会＝コミュニティーの構成員として扱われない状態が問題視されるようになった。

社会に参加することを通して人間の成長や発達は可能となるが、社会的に排除されることによってそれらが奪われることこそ人権侵害につながることを意味し、それが一九八一年の国際障害者年に「参加と平等」が強く打ち出された理由でもある。しかし、前章で述べた国連におけるさまざまなとりくみにみられるように、九〇年後半には参加から参画へと、さらに社会・地域の主権者としてのあり方が強く打ち出されるようになってきた。

それでは国連社会権規約委員会における要請は加盟国でいかにとりくまれたであろうか。ここでは、ノーマライゼーションおよびソーシャル・インクルージョンを政策実践において先進的に進めたスウェーデンをとりあげ、ついで世界ではじめて障害者差別禁止法を制定したアメリカをとりあげてその内容を検討してみよう。

2　スウェーデンにおける障害をもつ人の自己決定権・当事者参加

ノーマライゼーションに基づく施設解体

スウェーデンにおいてノーマライゼーションの思想はまず一九六七年に「知的障害者援護法」によって政策的に実践されてきた。その後一九八五年の「新知的障害援護法」、そして一九九三年の新法LLS(=「一定の機能的な障害をもつ人びとに対する援助とサービスに関する法律」)と展開してきた。

新法LLSの特色は、一つには、「援護」から「権利の達成」へ政策基調を転換し、「自己決定権」と「当事者参加・参画」を明文化したことである。二つには、「機能的障害をもつ人」という表現を用いて対象範囲を広げたこと、つまり重度の身体障害をはじめとするすべての障害をもつ人が含まれることになったことである。三つには各県に特別病院や入所施設の解体計画を義務づけ、社会庁が居住形態が整備されているかどうかを点検することを義務づけたことである。[9]

施設の解体と住居の保障は一九六〇年代後半に公的に論議され、一九七九年の「社会サービス法案」のなかではじめて入所施設解体が公けに提案された。

「良い住居とは、障害をもつ人びとが社会共同体に参加でき、他の人びとと同様に生活できるための前提条件である。住宅政策の目標はすべての人びとが自分の住居をもつことにある。障害をもつ人びとの生活形態としての入所施設は、明らかに時代遅れのものである。これらは、基本的な評価に対する避けることのできない特徴的な争点なのである。入所施設居住をなくそうとする努力は続けられるべきである」

というもので、一九八二年に施行された「社会サービス法」によって地方分権化の徹底とともに施設解体が進められることになった。

施設解体の背景となった精神は、

一つには、地域で家に住むことは、個人として尊重されるようになる。知的障害のある人たちも職員も、ともに社会の一員となり、一般の人びとからより大きな関心をもってみられるようになる。

二つには、隔離された状態から社会の構成員として社会的資源を利用する条件が増してくる。

三つには、機械的な仕事より変化のある仕事を指向するならば地域での援護活動も、ルーチンワークよりも個人的ニーズや関心に重点をおいた活動が必要とされる。

四つには、集中管理から地域分散化へ、

五つには、保護から社会的援助へ、

六つには、不平等から意志の尊重へ、という発想の転換であり、その認識に立って政策的具体化がはかられた。

施設解体はまず一九八六年に国会で承認され、一九九四年に「入所施設解体令」が公布された。一九九七年の「特別病院・入所施設解体法」では入所施設解体終了の期限を一九九九年一二月三一日と定め、制度的に完全解体を実現させた。[10] そこでは、住宅政策の最優先課題はすべての人が良質な住居に入居できることであるとして、身体障害・知的障害、および精神的障害などの機能的障害をもつ人が必要とする居住環境はサービス・介護にアクセスでき適切な住宅のデザインをもつものであるとされ、その住居形態としては戸建て住宅、グループホーム、サービスつき住宅など多様な有り様が認められ、それらが施設解体の受け皿となった。

ノーマライゼーンヨンの居住政策ー建築法、建築基準法

障害をもつ人が一般市民と同様な普通の自立生活を営むための保障は、まず居住環境の障壁を除くこと、つまりバリアフリーから始まった。組織的には一九六六年に「建築法」の改正によってまず障害をもつ人へ配慮して学校および官公庁建築物の障壁を取り除くバリアフリーが進められた。一九七一年の改正ではさらに範囲を広げ、事務所工場などの職場におけるバリアフリー化が義務づけられ、さらに一九七七年の改正では、すべての新築住宅に対してアクセシビリティーを確保するバリアフリー化が義務づ

けられた。最後に一九七八年の改正で全建物・全交通機関でバリアフリー化の義務づけがなされ、一〇年以上にわたる法的整備が完了した。

スウェーデン建築法の四二a章では

「余暇活動以外の用途に供される住宅、公共に開かれた建物、労働に供される建物は、一般人やそこで就労する者に開かれたものでなければならない。さらに、加齢や障害、疾病により移動能力や方向認知能力に支障をきたしている者でもアクセス可能であり、かつ利用できるようにデザインされなければならない」とされ、

建築基準法でも建物の基本的なアクセシビリティーを保障している。移動機能障害を配慮し、浴室・寝室・台所・ドア幅なども車椅子生活者が訪問したり、ひとりで暮らせるようにスペースの寸法や機器設備の配置などをこまかく規定している。[11]

また住宅改造にあたっての改造資金補助は地方自治体が管轄し、住宅改造に際しては県側の住宅改造専門の作業療法士が加わり、自助用具の調整と住宅改造の計画との連携がなされている。

3　アメリカにおける障害をもつ人への居住差別禁止とバリアフリー化

公民権として障害をもつ人への居住環境差別禁止―ＡＤＡ

アメリカにおいて障害をもつ人への差別の禁止は一九七三年の「リハビリテーション法」第五〇四条によって連邦政府基金受給者（団体）を対象として始まった。この法は「善意」ないし「慈恵」から「人権」へとパラダイムが転換していく過程を告げるものであり、[12]その後「障害もつアメリカ人法（ＡＤＡ）」による障害に対する包括的差別禁止法へとつながる法の進化の出発点となったものである。

「障害をもつアメリカ人法（ＡＤＡ）」は、ブッシュ大統領の「恥ずべき排除の壁を崩壊させよう」という宣言のもとで一九九一年七月に制定されたが、大統領は「この歴史的の法律は、障害をもつ人びとの平等に向けた包括的な宣言として、世界ではじめてのものであり、米国は人権問題に対する国際的リーダーとしての地位を確立した」[13]と語って、人権擁護先進国たる自負を明らかにした。この法律は、雇用・公共的施設・交通および通信における差別を禁止するもので、利用上の障壁除去、視覚、聴覚障害をもつ人のための通信システムを供与するものであり、世界でもっとも強力な公民権保護法と考えられる。そこではすべての人に保障されている基本的権利を障害者にも保障するための広範な規制が定められている。

この法律の背景には、連邦政府の独立機関である全米障害者評議会が、一九八六年二月に「自立に向かって」という雇用・交通・住宅・自立生活などの障害をもつ人の人権に関する一〇分野四五項目にのぼる勧告を提出したことがある。この勧告のなかでもっとも強調されたのは機会均等であり、障害者のゴールである自立と機会へのアクセスが達成されるためには、不公平で不必要な障壁や差別を許してはならないことが訴えられている。一九八八年三月に「機会均等法」をもとにして最初につくられたのが一九八八年のＡＤＡ法案であったが、それは廃案になり、一九八九年ＡＤＡ法案として再上程され、修正され法制化された経緯をもっている。

ＡＤＡにおける居住環境に関する差別禁止の内容としては[14]、まず公的施設および公的サービス領域における、公共事業体が運営する公共交通に適用される差別とみなされる行為に関して、第1章「航空機または特定の鉄道を除く公共交通」、第2章「都市間鉄道および通勤鉄道による公共交通」、第3章の「民間事業体の運営する公共的施設およびサービス」、第4章「電機通信(テレコミュニケーション)」に関するもので詳細な規定が与えられている。なお第3章の民間事業体の運営する「公共的施設(Public Accommodations)」おける差別禁止対象施設をみると、一二項目に分類されている。

①旅館・ホテル・モーテルなどの宿泊施設
②レストラン・バーなど、飲食物を提供する施設
③映画館・劇場・コンサートホールなど、展示または娯楽施設

④体育館・会議場・講演会場など集会施設
⑤パン屋・洋品店、ショッピングセンター、あるいはその他の販売、レンタル施設
⑥コインランドリー・ドライクリーニング・銀行・理髪店・旅行代理店・ガソリンスタンド・弁護士事務所・病院・薬局・その他のサービス提供施設
⑦特定の公共交通に使用されるターミナル・発着所・その他の駅
⑧博物館・美術館・図書館・あるいはその他の一般向けの展示またはコレクション
⑨公園・動物園・遊園地などのレクリエーション施設
⑩私立の保育園・初等・中等学校・大学・大学院、あるいはその他の教育施設
⑪デイケアセンター・老人クラブ・ホームセスのための保護施設・食料援護機関・養子縁組機関、その他社会福祉施設
⑫ヘルスクラブ・ボーリング場・ゴルフコース・あるいはその他の運動またはレクリエーション施設

がそれである。カバーされる施設の範囲がきわめて広いことが注目されよう。

これらの施設は、法制定から一八カ月以降、障害を基準として差別されてはならない、また過度の出費を伴わないという条件で、障害者が施設のサービスを享受できるよう必要に応じて補助

的機器や手話通訳などの人的サービスを提供されなければならないとしている。法制定から三〇カ月以降に建設される公共的施設と商業施設は、建築構造のうえで可能なかぎり障害をもつ人のアクセスが可能となるよう義務づけられている。なお、公共的施設の大きな改造は新築の場合、必要に応じてエレベーターの設置が義務づけられるが、建物が三階未満か、階当たり三、〇〇〇平方フィート未満の施設には設置義務が免除されている。ただし、その建物がショッピングセンター、商店街、ヘルスケアー関係の建物である場合は、このかぎりでないとされている。

障害をもつ人への居住差別の禁止とアクセス化—公正住宅改正法

住居に関する差別禁止とバリアフリー化は、ADAより二年早い一九八八年に「公正住宅改正法」によって制度化された。

その経緯をみると、アメリカにおける障害をもつ人へのバリアフリーの始まりは、一九六一年、全米建築基準協会が世界でもっとも早く「身体障害者にアクセスしやすく使用しやすい建築・施設設備に関するアメリカ基準仕様書」をつくり提起したことにある。その後、一九六八年「建築障壁除去法」が制定され、連邦政府の補助を受けた建築は身体障害者のアクセスビリティーを保障しなければならないことが定められた。なお一九七三年、「リハビリテーション法」が制定され、連邦政府から公的補助を受けている事業体に対し障害を理由として差別を禁止したが、連邦建設省はこの法に対し十分対応できなかった。

そこで一九八六年、全米障害者評議会は「自立に向かって」の住宅に関する勧告事項で、

第一に、障害者に対する八条プログラムによる家賃補助を充実させる、

第二に、グループホームに対する整備費補助を充実させる、

第三に、住宅の確保をはばむ差別を禁止すること、

を提言した。

差別禁止への決定的な前進は、一九八八年、「公民権回復法」の改正XI章のなかで連邦政府が財政的援助や契約を結んでいる機関・施設などのあらゆるプログラムや活動における障害による差別の禁止を再確認し、それらのプログラムや活動における障害者の公民権を回復させることを規定したことのうちに見いだされる。これに基づき同年「公正住宅改正法」が制定され、居住における差別の禁止とアクセス化の義務づけがなされた。以下、関川芳孝氏の論文をもとに「公正住宅改正法」の内容をもう少し詳しく紹介しておこう。

一九六八年制定された公正住宅法は、人種・皮膚の色・宗教・性別・出身国を理由とする差別的取り扱いを禁止していたが、一九八八年公正住宅改正法では、あらたに家族構成および障害を

理由とする差別的な取り扱いを禁止した。改正公正住宅法のねらいは、障害をもつ人の利益を擁護するために、障害をもつ人にも住宅選択および居住の自由を具体的な権利として保障するところにある。具体的には、住宅の売買および賃貸借をめぐる差別的な取り扱いの範囲に、営利および非営利を問わず住宅の所有者および不動産業者が含まれる。

違法とされる差別の形態は、

①契約締結の拒否など、住宅の売却や賃貸をめぐる差別的取り扱い

②住宅ローンの契約拒否など、住宅不動産取引に関する差別的取り扱い

③転売斡旋を拒否するなど、仲介斡旋サービスにおける差別的取り扱い

④入居に対し立退きを求める運動を行うなどの権利行使に対する妨害・嫌がらせ

である。救済には、連邦裁判所に対する司法救済だけでなく、連邦住宅・都市開発省を窓口とする行政救済も認められている。加えて行政審判官に対して、裁判官にも匹敵する大きな裁量権を与えている。[15]

公的住宅部門および民間住宅部門を問わず、住宅確保における差別を包括的に禁止した立法であり、ここでは民間賃貸住宅所有者や不動産業者の権利は絶対的な権利でなく、障害をもつ人の権利は彼らの私権を制約してでも確保されるべき重要な権利として位置づけられるにいたってい

る。[16]

4　バリアフリーからユニバーサル基準へ

このようにアメリカではADA、公正住宅改正法により住居の差別の禁止および居住環境のバリアフリー化の法的整備がなされたが、それは障害をもつ人に限定されがちであったところから、「特殊解」から「一般解」への展開としてバリアフリーを超えて、ユニバーサルデザイン（UD）概念が提起されることとなった。

一九九八年六月、「二一世紀の設計・ユニバーサルデザイン国際会議」で、ロナルド・ロンメイス氏（氏自身、建築家であり小児麻庫のため車椅子を利用している障害をもつ人であった）がユニバーサルデザイン概念を提唱しロメイス氏は、前述の一九六一年の全米建築基準協会の「身体障害者にアクセスしやすく使用しやすい建築・施設設備に関するアメリカ基準仕様書」の作成にかかわった人である。ユニバーサルデザインとは「万人に共通する設計」という意味で、年齢・性別・人種・障害の有無などにかかわらず、できうる最大限、すべての人が利用しやすいように建物や空間、また製品をデザインしようというコンセプトである。

その原理は、

①公平性：誰にでも公平に利用できること、利用する人の能力によって使えたり使えなかったりしないようにすること

②自由度：使ううえでの自由度が高いこと、利用する人のさまざまな状態に適応できること

③単純性：使い方が簡単ですぐわかること、不必要な複雑さがなく使いやすいこと

④わかりやすさ：必要な情報がすぐ理解できること、画像・音声・手触わり・振動など異なった手法によって必要な情報が得られ、かつわかりやすいものであること

⑤安全性：うっかり間違った操作をしても、危険につながらないデザインであること

⑥省体力：無理な姿勢や強い力を必要とせず楽に使用できること

⑦スペースの確保：アクセスしやすい寸法・空問となっていること

という基準を包含している。[17]

わが国では、古瀬敏氏をはじめ赤池学氏などは、この七つの基準を受けて、さらに、

⑧支払い可能であること

⑨審美性

を付け加えている。[18]

ちなみにロン・メイス氏と親交のあった川内美彦氏は、「これまで多くの人たちの行動の自由を切り捨てるようなデザインをしてきて、切り捨てられた人たちに特別な補償をあてがっていたが、その切り捨てられる人たちをできるだけ少なくしていこうというのがユニバーサルデザインの基本的な考え方である」[19]と述べ、ユニバーサルデザインの実践原則として九原則をあげている。①参画の原則、②公開の原則、③配慮の原則、④柔軟性の原則、⑤納得の原則、⑥確認の原則、⑦評価の原則、⑧蓄積の原則、⑨伝達原則、がそれである。

ユニバーサルデザインはゴールではなくプロセスであって、つねに求め続けていく発展途上にある流動的な性格をもつものである、[20]として当事者参加による実践過程の積み上げによるグレードアップの重要性を指摘している。

三、わが国における障害をもつ人への居住政策

1　障害をもつ人への居住保障の立ち遅れ

わが国の政策は「はじめに」でも述べたように「住居は個人の責任」とする住宅政策思想のもとにあったので、国連社会権規約委員会の一般意見四にある「居住の権利」を前提とした法制度の整備は、いまもってなされていない。目下今国会（二〇〇六年三月）で審議中の「住生活基本法」は名称とはうらはらに住宅の市場化の究極であって、従来の貧弱な政策のさらなる崩壊であり、期待できるものではない。したがって、障害をもつ人への居住に関するわが国の政策対応は、以

下にみられるようにわずかな公的住宅の供給政策のみであって、スウェーデンやアメリカにみられるような公共、民間住宅を問わずすべての住宅において、障害をもつ人に対する居住差別の禁止、自己決定権の保障、追い立てられることなく安心して住む権利を保障する社会的施策は皆無といっても過言ではない状況にある。

公的住宅制度についてみると、一九六五年以降の第二次高度経済成長期においてはじめて障害をもつ人への住宅供給が行われるようになった。一九六七年の公営住宅法の改正によって第二種特定目的の公営住宅として、「身体障害者世帯向け公営住宅」が導入され、身体障害者向けに設計された住居が供給された。その後一九七〇年に制定された「心身障害者対策基本法」第二二条においてはじめて「住まいの確保」についての努力規定が盛り込まれ、これに基づき公的住宅においても特定目的住宅の建設が進められるようになり、住宅公団の入居申し込みでも優遇などがはかられるようになった。その後「国連障害者年」の影響もあり、一九八〇年の「公営住宅法」の改正により単身高齢者の入居が可能となったが、「常時介護を要する者」には入居は認められなかった。持ち家についても一九九一年以来、住宅金融公庫が融資の際バリアフリー住宅に対し割増しの優遇を行うようになった。

一九八〇年代後半から始まるバブルによる地上げ、土地・住宅価格の高騰は、借地・借家居住の高齢者・障害をもつ人に対する追い出し、賃料の引き上げなどを通して、居住不安に追いやることとなった。そのため、一部の大都市自治体では居住の安定策として借り上げ公共賃貸住宅、家賃補助の導入をはかるようになった。[21]

他方、世界的なノーマライゼーション理念の普及のもとで、知的・精神的障害に対して一九八九年、「精神薄弱者地域生活援助事業」(一九九九年から「知的障害者地域生活援助事業」となる)によって、「グループホーム」という小単位の居住形態を導入し、一九九三年には精神障害者のグループホームも制度化された。

だが、公的住宅におけるこれらの措置は、公営住宅にあっては入居希望者すべてには及ばず、公団住宅でも優先的入居がはかられているが、あくまで支払い能力のあることを前提とした限定的なものにすぎない。また、民間住宅市場においては現在にいたるまで、障害をもつ人に対する入居に何らかの配慮する法的規定はなく、むしろ障害があることで家が傷む、火災の危険、家賃の滞納の危険があるなどという理由から入居を断わられることが多く、入居差別が放置されている。なおグループホームについては、痴呆の進行を抑制させる、精神的安定をもたらすなど生活リハビリとしての効果が福祉関係者のあいだでも認識されつつあるが、土地価格の高いことなどからあらたな建設が進んでるとはいえない状況にある。

2　障害者施設・精神病院における脱施設化と地域社会の居住条件

居住政策の基本的原則は、健常であろうと障害者であろうと共通する普遍的政策と身体的・知的・精神的障害による特殊な居住ニーズに対応する政策の両者が必要である。

精神障害をもつ人びとの居住条件と実態

わが国では、精神障害者二五八万人のうち三四万人（床）が精神病院に入院している。地球規模的には、世界の一六二万床の入院者のうち日本が三四万床ではぼ世界の二割を占めている状況にある。病状も安定し入院の必要もないにもかかわらず入院していることは、社会的入院といわれている。この社会的入院をなくすため、病院から出て地域社会で市民生活することをねらって、脱施設化のとりくみがなされつつある。しかし、社会的入院の解消には、地域社会に受け入れるための居住条件が整備されていることが必須である。

社会的入院の要因の一つには、日本の精神病院の八割が民間の病院であるため、経営上簡単に行政の命令で長期入院者を病院から地域に出す脱施設化は困難なことがある。病院経営による病院への引き留めが行われることにより社会的入院となっているのである。二つには、病院側の経営上の問題だけではなく、病院を出てゆく際に地域で自立した生活を可能にする条件が整備されていないことも要因となっている。

精神の障害をもつ人が、地域に生活する条件は、まず、

①住居が確保できることであり、とくに精神障害をもつ人にはグループホームにおいても個室が得られること

②軽く通える診療所、ソフト救急医療（日没症候群といわれるように夕方の心理的不安定に対応できる診療サービスが必要）、健康管理などの保健サービスおよびヘルパー、デイサービス、ショートステイ、入浴サービス、相談の場、などの福祉サービスなどの地域の包括的生活支援が得られること

③地域に労働の場（短時間のワークシェアーが可能であるような労働が得られること）および作業所などが身近に存在すること

⑤地域の人びとが精神障害に対して理解があること

など、地域社会＝コミュニティーにおいて精神障害をもつ人を支える条件、安心して居住できる、孤独にならない、一定の経済的保障が得られる生活保障のシステムが存在してはじめて自立が可能なのである。

しかし、現実の居住では、公営住宅は少なく入居しにくい、民間賃貸アパートに入居するには保証人が必要で、家族が保証人になりたがらない、辛い経験を二度としたくないことから本人と付き合うことを拒否する場合が多い、などの問題があるのが実態である。保証人がいなければアパートは借りられないので、川崎市、横浜市、世田谷区などでは公的に保証人を立てる制度を自治体がつくっている。

一九九二年から精神障害者のグループホームのとりくみが始まった。しかし入居希望者が多いため、グループホームなどの居住系の社会復帰施設には入居期限が決められており永住はできない。自分の生活スタイルをつくるころには出てゆかねばならない。

民間の家屋を借りてのグループホームは、必ずしも居住条件が良いわけではなく、トイレ・風呂・キッチン・リビングルームが共有で、間仕切りが襖や薄いベニヤ板などで、プライバシーが守りにくいなど、問題も多い。とくに精神障害をもつ人の多くは、コミュニケーション障害ともいわれるように集団生活・グループ生活するのは困難で、住居が個室であることが重要である。

公営住宅は、単身者入居は身体障害者以外は不可能であったが、公営住宅法施行令が改正(二〇〇六年二月から)され、精神障害、知的障害、女性の入居が可能となった。しかし優先入居ではないため応募しても必ずしも入居の保障はないという状況である。

知的障害をもつ人びとの居住条件と実態

知的障害をもつ人への居住は、グループホーム、援護寮、などが中心である。居住実態では、一九六〇年代後半からコロニーといわれる大規模施設がつくられ多くはそこに入居してきた。ノーマライゼーションの実践として脱施設化が始まり、地域社会のなかで生活をする場としてグループホーム制度ができた。五〜八人の家族を模して共同の生活をすることである。

地域社会で生活するうえに所得保障として障害基礎年金（約月額一二万円）あるいは生活保護受給（約月額一四万円）および家賃補助制度が加わる。所得保障以外のコミュニティーサービスが上記の精神障害をもつ人と同様に必要であり、また居住の困難な実態がある。

精神障害をもつ人および知的障害をもつ人は、一般的に地域住民から何をしでかすかわからない人とみられている。そのため施設建設に際して近隣住民から建設反対運動が起こりやすい。また、マンションに居住すると住民は逃げてゆく、塾の教師となると子供が来なくなり営業妨害となるなど種々の社会的排除がある。障害者への隔離収容制度のもとで住民が障害者とコミュニケーションの機会がなかったために、偏見、不安、無知から来る排除が起こっている。しかしこれは、地域社会のなかで相互に共存する条件をつくることにより克服できることではなかろうか。

3 アクセスの自由——建物・交通機関の障壁の除却

障害をもつ人が健常の市民と平等であるためには、障害をもつ人が市民として社会に参加・参画するためのアクセスの自由が保障されることが必要である。言い換えれば障害をもつ人の行動が自由に自己決定できることで、平等を保障することとなる。アクセスの自由は人間の尊厳でもある。

そのためには、不特定多数の人びとが利用する構築物は、それがたとえ私的所有物であっても、公共的性格をもつものとして私的使用の自由に制限が加えられるのが至当であろう。そのためまちをバリアフリーにしてゆくために各国で建築物、交通機関などバリアフリーがなされている。

ここで検討するアクセスの自由は、物理的ハードな政策であるが、前節にみたように、スウェーデンおよびアメリカなどの諸国ではハード対策以前に、居住の権利としての居住差別の禁止、一定の居住空間の確保および支払い可能な住居費としての家賃補助政策など、ソフトの居住政策が前提となってバリアフリー政策がなされたのである。わが国では、前提となる居住の権利が確立されないまま、バリアフリーが進められているところが、諸国と異なるところである。

わが国でもようやく九〇年代に入り、高齢社会への対応の一つとして不特定多数の人びとが利用する建築物・施設、道路・交通機関などをバリアフリー化する法的整備が進められるようになった。一九九〇年前半、地方自治体において居住環境のバリアフリー化を政策としていち早く実施したのが東京都の町田市や江戸川区であり、ひき続き多くの自治体で実践に移されていった。アメリカのADAの影響もあり、一九九四年に通称ハートビル法(「高齢者・身体障害者等が円滑に利用できる特定建築物の建築の促進に関する法律」)が制定され、また、同年、まちづくりについて旧厚生省が「障害者や高齢者にやさしいまちづくり推進事業」、旧建設省が「生活福祉空間づくり大綱」をまとめるなどして環境整備にとりくみ始めた。地方自治体においても建築基準法第四〇条に基づく条例の制定――「福祉まちづくり条例」(公共建築物、公共交通、道路、公園の四本柱がほとんどの条例に含まれている)がとりくまれ、二〇〇二年現在、全国のまちづくり条例・要綱は二、六七〇例におよんでいる。

一九九六年には旧厚生省から「障害者プラン・ノーマライゼーション七カ年戦略」が提出された。そこでは、

①地域で共に生活するために、②社会的自立を促進するために、③バリアフリー化を促進するために、④生活の質(QOL)の向上をめざして、⑤安全な暮らしを確保するために、⑥心のバリアを取り除くために、⑦わが国にふさわしい国際協力・国際交流のために、というノーマライゼー

ション理念の実現をめざす住宅・社会資本を「福祉インフラ」と位置づけ、官民一体となって福祉インフラのストックを形成する戦略を立てている。

急速な高齢化社会の到来はノーマライゼーションの実現、参加と平等の実現、自立した日常生活・社会生活を確保するうえで移動の自由としてのアクセスの保障を必要とするところから、わが国においても二〇〇〇年に交通バリアフリー法(「高齢者・身体障害者等の公共交通機関を利用した移動の円滑の促進に関する法律」)[22]が制定された。

法の内容は、高齢者、身体障害者等が公共交通機関を利用する場合の移動の利便性、および安全性の向上の促進をはかるために、①公共交通機関の旅客施設、車輌などの構造、設備を改善するための措置、②旅客施設を中心とした一定の地区における道路、駅前広場、通路その他の施設の整備を推進するというものである。

法の対象とする「高齢者、身体障害者等」とは、知覚機能、運動機能といった身体的機能面で日常生活、または社会生活に制限を受けている者で、たとえば高齢者のうち加齢により知的機能や運動機能が低下した者、身体に障害をもつ人、妊婦、けが人などが含まれる。

基本方針として二〇一〇年を目標に、①公共交通事業者は路線案内、運賃案内、運行情報など、適切な情報提供をすることを努力義務とする、②市町村は基本構想を作成し、一日当たりの平均的な利用者が五、〇〇〇人以上の旅客施設とその周辺おける道路・駅前広場・信号機などの整備にあたって整合性をとるというもので、そのため、事業の促進にあたっては土地区画整理事業を用い、その助成費として地方債の特例措置を設ける。

その後二〇〇二年六月、ハートビル法の改正で旧来の努力義務規定が義務規定に改正された。その法の改正内容をもう少し詳しくみると、

①不特定多数の者が利用する「特定建築物」[23]を、新築、増・改築する建築主に対して「特定施設（出入り口・廊下・階段・スロープ・昇降機・便所・駐車場・施設内の通路）をバリアフリー対応（基礎的基準への適合）にする義務を規定

②優良なバリアフリー対応（誘導的基準への適合）に対する支援措置

③執行体制は都道府県知事などによる指導・助言認定などを盛り込み

④その他の関連施策としてバリアフリー建築物の建築設計標準をつくることとなっている。

以上にみられるように、十分ではないが、ようやく障害をもつ人が移動しやすい環境整備が進められつつある。

4　バリアフリー法の問題点

「求められているのは、特別扱いではない方法でバリアをなくし、みんなが自由に使える環境を作ることです。これがユニバーサルの考え方の原点であり、それの実現がユニバーサルデザインと呼ばれるものなのです」[24]と、ロン・メイス教授にインタビューをしてユニバーサルデザインの真意を明らかにした川内氏は発言している。またアクセスの自由について「アクセスの問題は福祉の問題ではなく人間の尊厳にかかわる権利の問題である。お年寄りとか障害をもつ人が、社会に含まれる人間として、隔離されるのではなく、平等に社会に参加していくような社会をめざすべきである」と、同氏はアクセスの自由を通して社会の進む方向をも示している。

こうしたユニバーサルデザインの観点からハートビル改正法、交通バリアフリー法の問題点を検討してみると、[25]

第一に、ハートビル法による建物と交通バリアフリー法における道路・交通施設などのアクセスの連結とその一貫性が必要である。つまり住宅→道路→交通施設（駅舎）→交通機関（乗り物）→交通駅舎→道路→建物・職場・学校→住宅のアクセス可能性が体系性をもっていることである。それには市町村の自治体のまちづくり計画のなかでの統一がはかられなければならないであろう。

第二に、すべての人びとを対象とする差別禁止法にすべきであろう。ハートビル法の対象者は主に高齢者と身体に障害をもつ人であるが、「社会はすべての人のために」＝(society is for all)の理念を実現する視点からしてもアメリカのＡＤＡのように誰もが利用できるよう、性別・年齢別・国籍・宗教・身体などの違いによる差別を禁止すべきであろう、加えて妊産婦、子供、身体的障害をはじめ知的・精神的障害など機能的障害をもつすべての人びとならびに外国人また盲導犬、介助犬、聴導犬などを同伴で宿泊する人への制限をしないことである。

第三に、ハートビル法の対象に一般住宅、共同住宅および既存の建物をも含めることである。一般戸建て住宅および共同住宅は新築の場合は義務化へ、また既存住宅は計画的に改造すること。改造には公的補助を行う。

第四に、ハートビル法の対象を職場・学校およびすべての商店に拡大すること。学校や職場(事業所や工場)および小規模商店などは「特定建築物」に含まれておらず、バリアフリー化が促進されていない。また「特定建築物」の面積規模が大きく小規模施設(建築物)が対象となっていないため公共施設においても利用できない人が出てくる。障害のある人をはじめとしてすべての人が地域社会で日常生活ができるためには、最低限小規模の商店、医療・福祉施設、学校、銀行などの生活諸施設の利用が可能であることが必要である。

第五に、地方分権化の徹底のためには自治体独自のバリアフリー計画が可能であること。たとえば自治体独自の上乗せ基準をできるようにすること。第六に、生活をする地域・コミュニティーにおける小道路・路地・商店街路をもアクセシビリティーを可能にすること。第七として、美のアクセス環境をめざすこと。機能性のみではなく美の観点を入れたアクセシビリティーであることなどであろう。

四、わが国自治体におけるユニバーサル基準のまちづくり

一九九〇年代に入り自治体においても住居および居住環境のバリアフリー化へのとりくみが始まったが、ユニバーサルデザインと銘うったとりくみが自治体で始まったのは一九九八年に開催された「二一世紀の設計・ユニバーサルデザイン国際会議」以降である。

先鞭をとったのは県レベルでは静岡県であり、都市レベルでは北海道の帯広市であった。そこでまず、両自治体のとりくみ内容をとりあげ、地方自治体レベルでの課題と方向を検討しておこう。ついで、わが国ではじめて障害者差別禁止の条例化を進めている千葉県のとりくみを紹介する。

1　静岡県におけるユニバーサルデザインのまちづくり

政策思想と内容

ユニバーサルデザインの概念は既述のようにアメリカのロン・メイス教授によってすべての人のためのデザインとして提唱されたが、わが国では静岡県石川嘉延知事によって一九九八年にいち早く、県政の基本理念としてとりいれられた。その背景には、バリアフリーは障害をもつ人の障害の除去とされていたので、障害者と限定した「特殊解」を解くことにはなっても、それだけでは一般の人の関心から遠くなる。たとえばバリアフリーとしてのエレベーターは障害をもつ人のみに限定使用され、エレベーターの前には綱が張られ健常者は使用してはならないという現象が出てきた。福祉に対する固定観念を打ち破るためには、バリアフリーではなくユニバーサルデザインの概念が必要であるというバリアフリーの限界性への認識が生まれたのだ。[26]

静岡県におけるユニバーサルデザインとは年齢・性別・身体・国籍など、人びとがもつさまざまな特性や違いを越えて、はじめからできるだけすべての人が利用しやすい、すべての人に配慮した環境・建物・設備・製品などのデザインを実現するというものである。

その土台づくりのため、一九九六年、「福祉のまちづくり」を実施、一九九七年に「人権啓発センター」を開設し、障害をもつ人の人権の尊重をはじめ、外国人との共生、児童虐待などのテーマにとりくみ、障害をもつ人の人生の幸せを達成するためには、まず自立するべきであり、そのための行政的支援が必要であるというスタンスを明らかにした。

さらにユニバーサルのデザインの推進組織として、一九九九年、「ユニバーサルデザイン室」を設置し、公共事業での実践、市町村・事業者へのとりくみの誘導、住民団体の育成などを進めている。具体的な政策として、①縦割り行政の克服、横のネットワーク組織へ転換する。②市民への概念の啓蒙と普及により、市政、まちづくりにおいてもみずから選択できる市民の育成をはかる。青少年に対しては教員への研修などを活発にし、学校教育のカリキュラムのなかにユニバーサルデザインをとりいれていく活動を行っている。加えて、③「富士山こどもの国」（富士市）、「小笠山総合運動公園」（掛川市）、「しずおか緑・花・祭」（榛原郡吉田町）、「静岡文化芸術大学」（浜松市）、「平和団地」（購岡市）、「早出団地」（浜櫛）などの新規プロジェクトのなかに実際にユニバーサルデザインをとりいれつつある。

静岡県のユニバーサルデザインのまちづくりとは、一つは住みやすい、二つは移動しやすい、三つは建物・施設の内が利用しやすい、などの三分野に関してデザインすることとされている。そこでたとえば「住む・使う」のうち「住む」では住宅の玄関・室内・ドア・家具（椅子）・キッチン・プラグ・スイッチなど、「使う」ではシャワーブース、組み立て式用具、衣類・靴、封筒、薬袋などに配慮する、「歩く・移動する」では、乗り物や道路、駅、トイレ、マップなどを使いやすいようにする、「楽しむ・利用する」では、建物の内外および不特定多数の人が利用する施設、レストラン、商業施設、医療・美容施設、美術館、娯楽施設、ホテル、旅館、公園、農園などにユニバーサルデザインをほどこすことが掲げられている。[27]

そのうちで、もっとも重要な住宅におけるユニバーサルザインについてみると、手始めに新規の県営住宅建設の設計にその導入が試みられている。その内容はロン・メイス氏が提唱した要件——すべての入居者にとって住みやすい空間であること、公営住宅に住む人やその周りに住む人がお互いに交流しやすい空間を実現するという要件をもとに、①適正・利便性——快適な室内と外部空間が得られ、すべての人にとって使いやすいこと、②すべての人が自由に簡単に利用できること、③地域性——地域の歴史や文化に配慮し、周辺に住む人と公営住宅に住む人が交流しやすい空間をつくること、④安全性——公営住宅に住む人にとって安らぎのある空間をつくることがめざされている。静岡県営住宅の「早出団地」と「平和団地」はささやかであれその成果である。

政策の評価と課題

静岡県のユニバーサルデザインのとりくみは始まってからわずか五年にすぎないので、いまの段階で確定的な評価はなしえない。そこでここでは中間まとめ的な感想を述べておくことにする。

静岡県行政のとりくみの評価すべき第一は、何よりもバリアフリーを越えてユニバーサルデザインを県政の基本に置いたことである。このことは先進的であり大いに期待したいところである。第二には、縦割り行政システムを変えつつあること。第三には、市民参加、企業等のパートナーシップがとりいれられていること。第四に、県下の市町村に対しては県自体がトップダウン方式ではなく、県下の市町村職員および学校教師などへユニバーサルデザイン概念の普及のために積極的に研修会を開き、市町村行政および学校授業のカリキュラムに導入する活動を行っていること、別言すれば、ユニバーサルデザインをまちづくりに導入するか否かは市町村の市民の選択に任せる、という考えを採用していることである。最後の点に関しては、一面では県行政としては無責任ではないかという批判がなされようが、他面では、近年の日本における自治のあり方としては新しいとりくみといえよう。

今後の課題に関していえば、安全で安心して住める住居の保障が第一であろう。ユニバーサルデザインおける住居の位置づけ、および「居住の権利」のとりあげがいまだ不明確である。前述のように北欧では「高齢者福祉（＝障害をもつ人への福祉）は住宅に始まり住宅に終わる」といわれるくらい、自己決定による生活の基本は安心して住める住居の確保から始まる。

その自治体に住む住民の立場からしても、安心して住める住居を基軸にしたユニバーサルデザインに基づくコミュニティーの形成は最重要な課題といえよう。

第二に、ユニバーサルデザインを実現するには、ユニバーサルデザインに合わせて都市計画法、建築基準法に基づく各基準を変えていかなければならない。たとえば道路の幅員や傾斜角度など。静岡県では、都市計画マスタープランのなかに理念は述べられているものの、具体的基準の変更は行われていない。住宅マスタープランでも新規の公営住宅団地建設において実験的にとりくまれているにすぎず、今後、さらなる広範なとりくみが望まれる。

第三に、ユニバーサルデザインの対象が主に身体障害に対応する構築物のあり方であって、知的障害・精神的障害などに対応するソフトなシステムが不十分である。知的・精神的障害をもつ人にとってこそもっとも重要な居住生活要件は、安心して住める安定した生活である。不安定な生活状況は発病、徘徊につながるのである。バリアフリーを越えていくことは一定の前進であるが、ユニバーサルデザインが「誰もが暮らしやすい社会をめざして」をテーマとする以上、今後は知的・精神的障害をもつ人びとをはじめ機能的障害をもつすべての人に対するユニバーサルな政策が望まれる。

第四にノーマライゼーションの実現のためには、地域社会において地域の人びととの接触が可能なまちづくりが必要とされるので施設という隔離された生活よりも地域社会の居住者とのコミュニケーションがもっとも重視されるべきであろう。そのために、住居を起点としたコミュニティーのデザインが必要である。スウェーデン、デンマークでは、長期療養病院、障害施設などが解体され、地域社会のなかで一般のアパートおよびグループホームなどによる自立生活を実現させつつある。

第五にユニバーサルデザインとは、地域社会のすべての市民が住みやすいコミュニティーを形成してゆくことであるから、住みやすいコミュニティーの構想が必要である。しかしそのためには、現在試みられている以上に、行政決定に住民が直接参画する当事者参加のシステム、NPO（非営利組織）などが自発的に参加する、コラボレーション（協働）システムの構築がめざされるべきであろう。

2　帯広市におけるユニバーサルデザインのまちづくり

政策思想と内容

帯広市では、一九九八年に砂川敏文氏が新市長となってからユニバーサルデザインのとりくみが活発となった。その背景には、一九九五年度に「住宅マスタープラン」が策定され、その基本項目に「誰もがハンディーを感じることなく生活できる居住環境の整備」が掲げられ、高齢社会を見据える医療機関、建築関連・福祉行政関連の専門家で構成された「設計指針作成委員会」が設けられたことが大きい。そこで、委員長を務めた北海道女子大学佐藤克之助教授によってユニバーサルデザインが紹介され、設計指針の基本的考え方としてユニバーサルデザインが据えられた。その後、検討が繰り返され一九九七年度に「帯広市高齢者・身障者等対応住宅設計指針」が策定され、砂川新市長はそれを市政の主要な柱として積極的にとりあげ発展させたのである。

その最初は一九九九年七月に設計指針を推進するために、「ユニバーサルデザイン住宅建設助成制度」を開始したことである。これは、資金面からの住宅建設、改修の促進をはかるための制度で、それ以前の建築指導課の改修促進事業と福祉課の住宅改修事業とを一本化したものである。具体的には、帯広市の定めた指針に適合した住宅の新築にはユニバーサルデザイン住宅建設・改修資金の貸付金として五〇〇万円、増・改築には一五〇万円を限度にして、一五年間、無利子融資することになっており、住宅改造にも五〇万円の補助金制度がある。

また、この融資制度と同時に「ユニバーサルデザインアドバイザー制度」が設置された。このアドバイザーとは、看護婦、理学療法士、介護福祉士、一級建築士から構成され、市民へのユニバーサルデザインの普及・促進を兼ねた「ユニバーサルデザイン住宅相談会」を開催している。さらに市当局は乳・幼児から高齢者まですべての人が便利で安全、快適な生活ができるように設計されたユニバーサルデザインのモデル住宅を建設し、広報活動を行っている。

その後一九九九年度には「居住環境ユニバーサルデザイン指針」を策定し、一九六〇年代後半に建設された老朽化と高齢化率の進む伯林台団地を指針の実施に指定し、ユニバーサルデザインにそった改修を行っていく計画を打ち出している。加えて、この指針に基づき「ユニバーサルデザイン検討推進委員会」を設置し、そこで道路・歩道の段差解消・公園のユニバーサルデザイン化を実施しつつある。[28]

政策の評価と課題

まず帯広市が住居に重点を置いた居住環境を含むユニバーサルデザインを政策目標にしたのは、わが国の都市としてもっとも早く、先進的である。とはいえ課題も少なくない。住居のユニバーサルデザインとは、バリアフリーの新築あるいは改造にあたっての融資、割増しを意味している。しかし、どこに居住しようとも障害のある人、高齢者および社会的に弱い立場にある人びとが、追い立てられることなく安心かつ安全な住居に住めるための政策をとることが、第一に据えられていなければならない。地方自治体の置かれた財政的問題を考慮すると困難なことかもしれないが、この「居住の権利」の政策的位置づけがなお不明確であるように思われる。第二は、「すべての人にユニバーサルデザイン」をとうたっていながら、ここでも具体的施策の対象が狭いことである。つまり身体障害にかかわるデザインが中心で、知的・精神的障害などが射程に入っていないように見受けられる。さらに対象を広げる施策が望まれよう。第三は、高齢社会における「居住の権利」実現には、住居および居住環境を統一的にとらえコミュニティーの形成として地域・地区計画システムを構想することが求められている。

3　千葉県の障害者差別禁止条例案

障害者差別禁止に関する法律は、アメリカをはじめ四〇カ国で制定されているが、日本ではいまだ法制度はつくられていない。ただ、障害者基本法において「何人も、障害者に対して、障害を理由として差別することその他の権利利益を侵害する行為をしてはならない」と定められているが、それを担保する具体的な措置はとられていないため、多くの差別が行われている。だが、近年地方自治体において差別の禁止のとりくみが始まり、千葉県では日本ではじめて「障害者差別をなくすための条例」(二〇〇五年一二月)が検討された。

その背景として、まず、「第三次千葉県障害者計画」「千葉県障害者地域生活づくり宣言」(二〇〇四年七月)において千葉県独自の条例づくりが提案されたのである。他方、差別に当たる事例募集を行い約八〇〇事例を得て、それをもとに条例を作成していった。

条例の内容は、

1. 基本理念
2. 「なくすべき差別」の事例
3. 個別事例を解決するための仕組み
4. 社会の仕組みそのものを変えていく仕組み
5. 頑張っている事業者・団体・人などを応援する仕組み

などの構成である。具体的差別には福祉サービス、医療、商品およびサービスの提供、労働の雇用、教育、建物等および公共交通機関、不動産の取引、情報提供の分野などの差別禁止、虐待の禁止をとりあげている。個別事案の解決には、「障害者差別解消委員会」において助言、斡旋、差別解消のための勧告を行う仕組みである。

居住に関する差別の禁止は、

①福祉サービスの提供の拒否・制限による不利益の禁止、たとえばグループホームの入居の拒否など

②商品及びサービスの提供の拒否・制限による不利益の禁止

③建物等および公共交通機関における利用の拒否、制限、または条件を課す、その他不利益な扱いをすることの禁止

④不動産取引分野では、不動産の売却、賃貸、転貸、または、賃借権の譲渡を拒否、制限、またはこれに条件を課す、その他不利益に取り扱う差別の禁止をする

としている。

以上、差別禁止と差別事例の解決方法の条例案であり、目下条例化に向けて議会対策中である。これらの内容から、わが国において障害者差別の解消に一歩前進をなすものであり大きく評価したいが、これを起点に差別に関する勧告からアメリカにみられる罰則規程までの進めるには、今後市民の運動の力量をつけてゆくことが必要であろう。

おわりに―わが国の政府および自治体の課題

以上、まずスウェーデン、アメリカでの障害をもつ人の「居住の権利」を保障するとりくみ、国連社会権規約委員会等によるその国際的要請、「居住の権利」の一つである、自立した市民として社会に参加する権利としてのアクセスの自由を保障するための手法としてのバリアフリー、ユニバーサルデザインの国際的な展開をみてきた。ついで、日本においては公的政策として障害をもつ人の「居住の権利」はなかなか認められなかったが、ようやく一九九〇年代に入り、政府も法制化にのりだし、具体的施策としてとりあげる地方自治体も現れてきた。

それでは、こうした遅れを早急に解消し二一世紀早期に「居住の権利」の全面的な保障を大きく進めるには何が必要とされるだろうか。最後に、いま政府と地方自治体がなすべきことは何か、そこにいたるプロセスをいかに創り出してゆくべきかに関して若干、私見を述べておきたい。

まず国＝政府にあっては、居住の一般法としての「居住の権利」をどう確立するかが問われている。国連の社会権規約委員会が提起する安心して住める「居住の権利」の保障を、どのようにして実現するか。スウェーデンおよびアメリカにおいては、すでに障害をもつ人が差別されることなくみずからの生活を自己決定しうる住居が法的に保障されている。そのうえで両国とも、住むこととアクセシビリティーが連動しているのである。自立する生活とは「住む」、「働く」、「活動する」、「学習する」という内実を伴うものでなければならないはずであるから、自立生活という視点に立って居住環境のバリアフリー化が構築されるべきである。日本のハートビル法、交通バリアフリー法とも、住宅、学校、職場のバリアフリー化が抜けている。障害をもつ人が自由に一般市民生活ができることが法の基軸に据えられ再構築されるべきであろう。

そのためにも、バリアフリーからユニバーサルデザインへの転換が必要とされている。ハートビル法の対象は身体障害を中心に置いているが、「社会はすべての人のために」の実現をはかるには社会構成員すべての人に広げること、そして誰もが追い立てられることなく安心して住める、生活しやすい、労働・活動しやすい都市空間、および生活用具・道具など諸製品全般を含んだユニバーサルデザインが必須事項である。これらの実践を通してこそ障害をもつ人もそうでない人も、ともに自由に生きられる社会に近づくことができよう。

つぎに、地方自治体の課題として障害をもつ人が一般の市民生活をなしうる環境条件の整備、とりわけ近隣住区内でのアクセシビリティーを可能にするプログラムをつくることが重要である。交通バリアフリー法は規模の大きな道路・交通機関に対するものであって、住区内でのアクセスの自由はない。地方自治体にあってはアクセシビリティーを実現する詳細な地域計画づくりが必要であろう。それには、従来つくられてきたまちづくり条例の再検討、住居・居住環境をはじめ、地域内道路・交通を含めた総合的な条例への改変が望まれよう。

第三に、政府・自治体とも既存の障害をもつ人の施設において「逆ノーマライゼーション」（出前のノーマライゼーション）の導入をはかることが必要であろう。ノーマライゼーションは、障害をもつ人の一般市民生活化・および障害をもつ人を地域社会にくみいれていくインテグレーションをめざしてきた。しかし、近年、オランダでは「逆ノーマライゼーション」を課題として、一般の市民に障害をもつ人の施設内の敷地を開放し、障害をもつ人と一般市民とがともに生きるコミュニティーを形成することが試みられている。一般市民が障害をもつ人の施設内敷地に入り込むことでより自然なノーマライゼーションを実現しようとしているのである。人間は他者との豊かな相互の関係を築くことによってのみ相互に理解し、相互に発達・成熟していく。ノーマライゼーション＝普通に生活することの徹底化は、必然的に逆ノーマライゼーションを包み込むことを要請しているのである。

第四に、自治体の主導に基づく総合的なまちづくり・居住環境づくりを実現するには、市民の要求の正当性が国の法による合法性によってつぶされることのないよう、[29]国の権限および財源を徹底的に自治体に移譲してゆくことが不可欠である。そうでないかぎり「社会はすべての人のために」の実現を唱えても、誰もが住みやすい地域・まちの創造は不可能であろう。そのためには、自治体のまちづくり・居住環境づくりにあっても、市民参加の徹底を原則とする計画づくりに障害をもつ人を当事者参加として必ず加えることが不可欠である。二一世紀を「分権の世紀」にするにはそれぞれの自治体が地域の実情に応じて多種多様な実験を重ね、そこでの一般化が可能な施策を全国に広げてゆくボトムアップのシステムとしても確立されなければならないであろう。

※本書は、竹前栄治・障害者政策研究会編『障害者政策の国際比較』（明石書店、二〇〇二年）所収の「居住政策と障害をもつ人」（筆者執筆）をもとに加筆・修正したものであることをお断わりします。

注及び参考文献：

1　和泉とみ代「ニィリエのノーマライゼーションの原理生成構築過程」ベンクト・ニィリエ、河東田博・橋本由紀子・杉田穏子・和泉とみ代訳編『ノーマライゼーションの原理－普遍化と社会変革を求めて』現代書館、一九九八年、一八五～一九二頁。ニィリエ氏は、一九五四年、ウプサラ大学で法学を学び、ストックホルム大学で文化人類学などを学んだ後、一九六一年から約一〇年問、「スウェーデン知的障害者親の会」の事務局長兼オンブズマンとして知的障害者やその親とともに歩んだ人で、それを通してノーマライゼーションを構築していった。

2　花村春樹訳著『「ノーマリゼーションの父」N・E・バンク‐ミケルセン－その生涯と思想』ミネルヴァ書房、一九九四年。バンク‐ミケルセンはコペンハーゲン大学法学修士を得たが、学生時代からナチスに対するレジスタンス運動に参加し、逮捕、投獄され、強制収容所に移送されデンマークが解放されるまでそこで過ごす。釈放後デンマークの社会省(厚生・労働省)へ就職し、たまたま空きのあった「精神薄弱福祉課」で働くようになりそこで退職まで三七年間勤務した。その間「知的障害者の親の会」を発足し、親の願いを一九五九年に「知的障害者に関する福祉法」に立法化し、その法のなかに世界ではじめて「ノーマライゼーション」という言葉をつかった。

3　ニィリエ、前掲書、一三〇頁。

4　申恵丰訳「『経済的、社会的及び文化的権利に関する委員会』の一般的意見」『青山法学論集』第三八巻第一号、一九九六年、一〇二～一一〇頁。

5　同前、申訳、一一〇～一一八頁。

6　申恵丰「〈翻訳・解説〉経済的、社会的及び文化的権利に関する国際規約の国家報告ガイドライン」『青山法学論集』第四一巻第一・二・三・合併号、一九九九年、一二四～一四五頁。

7　荒巻重人「社会権規約と住居の権利－社会権規約日本報告審査を素材にして」が、二〇〇一年一二月八日開催された日本住宅会議総会において報告された。その添付資料「経済的、社会的及び文化的権利に関する委員会第二六（特別）会期（二〇〇一年八月一三日～三一日）の総括所見：日本、二〇〇一年九月二四日」日本社会権ＮＧＯレポート連絡会議訳（荒巻氏は連絡会議の事務局長でもある）を参考にさせていただいた。

8　同上報告において「日本社会権規約ＮＧＯレポート連絡会議」事務局長である荒巻重人氏の発言。

9　河東田博「ノーマライゼーションの原理の生成発展とスウェーデンにおける原理の法的具体化」ニィリエ、前掲訳書収載、一六九～一七六頁。

10　河東田博「スウェーデンにおける入所施設解体と地域生活」ヤンネ・ラーション、アンデシュ・ベリストローム、アン・マリー・ステンハンマル『スウェーデンにおける施設解体』現代書店、二〇〇〇年、一七四頁。

11　スヴーン－ティーベイ編著、外山義訳『スウェーデンの住環境計画』鹿島出版、一九九六年、一三〇頁。

12　リチャード・Ｋ・スコッチ、竹前栄治監訳『アメリカ初の障害者差別禁止法はこうして生まれた』明石書店、二〇〇〇年、二二一～二二三頁。

13　横田清訳「ブッシュ大統領のＡＤＡ署名演説集、一九九〇年七月二六日」『米国における障害者差別禁止法（ＡＤＡ）の概要』収載、『自治総研』Vol.17, No.10、三頁。
14　同前、横田訳『ＡＤＡの概要』八〜一七頁。
15　関川芳孝「障害者の生活環境に関する諸問題―アメリカ公正住宅法との比較を中心として―」『社会保障法』第11号、一九九六年、八一〜八三頁。関川論文は一九八八年公正住宅法改正の内容を法律的観点から解明している。
16　同前論文、七七頁。
17　North Carolina State University, The Center for Universal Design, "Universal Design Principles". 〈http://www.design.ncsu.edu/cud/univ-design/priciples/udprinciples.htm〉（インターネットによる検索）
18　古瀬敏『ユニバーサルデザインとはなにか―バリアフリーを越えて』都市文化社、一九九八年、一二〇〜一二三頁。赤池学「視点　改訂ユニバーサルデザイン　暮らしやまちづくりに生かすためのヒント」『国づくりと研修』第89号、二〇〇〇年七月、一〇〜一二頁。
19　川内美彦『ユニバーサルデザイン―バリアフリーへの問いかけ』学芸出版社、二〇〇一年、一四五頁。
20　同前、一四七頁。
21　大本圭野「居住問題と住宅政策」日本社会保障法学会編『住居保障法・公的扶助法』所収、法律文化社、二〇〇一年、二九〜五六頁。

22 移動の円滑とは、①公共交通機関は、旅客施設(鉄道軌道駅・バスターミナル・旅客線ターミナル・航空旅客ターミナル、車輌)、②道路は、歩道設置、案内施設、立体横断施設、その他、バス停、路面電車・駐車所、駐車場、③信号機・道路標識、道路標示。

23 「特定建築物」とは、①病院または診療所、②劇場・観覧場・映画館または演芸場、③集会場または公会堂、④展示場、⑤百貨店、マーケットその他の物品販売業を営む店舗、⑥ホテルまたは旅館、⑦老人福祉センター、児童厚生施設、身体障害者福祉センター、⑧体育館、水泳場、ボーリング場または遊技場、⑨博物館、美術館または図書館、⑩公衆浴場、⑪飲食店、⑫理髪店、クリーニング取次店、質屋、貸衣装屋、銀行その他これらに類するサービス業を営む店舗、⑬車輌の停車場または船舶もしくは航空機の発着場を構成する建築物で旅客の乗降または待合いの用に供するもの、⑭一般公共の用に供される自動車車庫、⑮公衆便所、⑯郵便、保健所、税務署その他これに類する公益上必要な建築物。

24 川内、前掲書、三五頁。

25 市民政策研究会ではハートビル法改正に向けて改正案を提起した。それを参考とした。

26 石川嘉延・鴨志田厚子「対談ユニバーサルデザイン誰もが暮らしやすい社会を実現させるためのキーワード」『季刊 ユニバーサルデザイン』第4号、一九九九年SUMMER、四〜七頁。

27 静岡県ユニバーサルデザイン室編『しずおかユニバーサルデザイン事例集』二〇〇一年。

28 帯広市都市開発部住宅課『帯広市高齢者・身障者等対応住宅設計指針』一九九八年。

29　東京都国立市内において民間企業による高層マンションの建設計画が出てきたとき、国立市住民の八割が建設に反対して建設差し止め訴訟を起こしたが、法的に合法であるという理由で敗訴した。市民の正当性と企業の合法性を問うものであったが、正当性はかなえられなかった(五十嵐敬喜『美しい都市をつくる権利』学生出版、二〇〇二年、一八八〜二一一頁)。地域への分権化が徹底されればこのようなことは避けられたはずである。

「居住福祉ブックレット」刊行予定

☆既刊、以下続刊（刊行順不同、書名は仮題を含む）

☆１居住福祉資源発見の旅　早川　和男（長崎総合科学大学教授）
☆２どこへ行く住宅政策　本間　義人（法政大学教授）
☆３漢字の語源にみる居住福祉の思想　李　桓（長崎総合科学大学助教授）
☆４日本の居住政策と障害をもつ人　大本　圭野（東京経済大学教授）
☆５障害者・高齢者と麦の郷のこころ　伊藤静美・田中秀樹他（麦の郷）
６子どもの道草　水月　昭道（立命館大学研究員）
７地場工務店とともに　山本　里見（全国健康住宅サミット会長）
８住むことは生きること－住宅再建支援に取り組む　片山　善博（鳥取県知事）
９地域から発信する居住福祉　野口　定久（日本福祉大学教授）
10ウトロで居住の権利を闘う　斎藤　正樹＋ウトロ住民
11居住の権利－世界人権規約の視点から　熊野　勝之（弁護士）
12シックハウスへの挑戦－企業の取り組み　後藤三郎・迎田允武（健康住宅研究会）
13スウエーデンのシックハウス対策　早川　潤一（中部学院大学助教授）
14寅さんと居住福祉　鍋谷　州春（「社会保障」編集長）
15ホームレスから日本を見れば　ありむら潜（釜ヶ崎のまち再生フォーラム）
16私が目指した鷹巣町の居住福祉　岩川　徹（前秋田県鷹巣町長）
17沢内村の福祉活動－これまでとこれから　高橋　典成（ワークステーション湯田・沢内）
18農山漁村の居住福祉資源　上村　一（社会教育家・建築家）
19中山間地域と高齢者の住まい　金山　隆一（地域計画総合研究所長）
20居住福祉法学の構想　吉田　邦彦（北海道大学教授）
21居住福祉とジャーナリズム　神野　武美（朝日新聞記者）
22包括医療の時代－役割と実践例　坂本　敦司（自治医科大学教授）他
23健康と住居　入江　建久（新潟医療福祉大教授）
24ならまちの暮らしと福祉　黒田　睦子（ならまち前理事長）
25世界の借家人運動　高島　一夫（日本借地借家人連合）
26居住福祉学への誘い　日本居住福祉学会編

（以下続刊）

著者紹介

大本　圭野（おおもと　けいの）

福山市に生まれる。東京教育大学大学院理学修士終了。（特殊法人）社会保障研究所主任研究員を経て、
現在、東京経済大学経済学部教授。日本住宅会議理事長。日本居住福祉学会副会長。

主な著書

『生活保障論』（ドメス出版、1979年）
『住宅政策と社会保障』（共著　東京大学出版会、1990年）
『証言　日本の住宅政策』（日本評論社、1991年）
『講座現代居住 第一巻 歴史と思想』（編著、1996年）
『戦後改革と都市改革』（日本評論社、2000年）

（居住福祉ブックレット 4）
日本の居住政策と障害者をもつ人

2006年 4 月30日　　初　版　第 1 刷発行　　（検印省略）

＊定価は裏表紙に表示してあります

著者©大本圭野　装幀 桂川潤　発行者 下田勝司　印刷・製本 ㈱カジャーレ

東京都文京区向丘1-20-6　郵便振替00110-6-37828
〒113-0023　TEL（03）3818-5521㈹　FAX（03）3818-5514　発行所 株式会社 東信堂
E-mail：tk203444@fsinet.or.jp
Published by **TOSHINDO PUBLISHING CO., LTD.**
1-20-6, Mukougaoka, Bunkyo-ku, Tokyo, 113-0023, Japan
http://www.toshindo-pub.com/
ISBN4-88713-676-5 C3336

「居住福祉ブックレット」刊行に際して

安全で安心できる居住は、人間生存の基盤であり、健康や福祉や社会の基礎であり、基本的人権であるという趣旨の「居住福祉」に関わる様々のテーマと視点――理論、思想、実践、ノウハウ、その他から、レベルは高度に保ちながら、多面的、具体的にやさしく述べ、研究者、市民、学生、行政官、実務家等に供するものです。高校生や市民の学習活動にも使われることを期待しています。単なる専門知識の開陳や研究成果の発表や実践報告、紹介等でなく、それらを前提にしながら、上記趣旨に関して、今一番社会に向かって言わねばならないことを本ブックレットに凝集していく予定です。

2006年3月

日本居住福祉学会
株式会社　東信堂

日本居住福祉学会のご案内

〔趣　旨〕

人はすべてこの地球上で生きています。安心できる「居住」は生存・生活・福祉の基礎であり、基本的人権です。私たちの住む住居、居住地、地域、都市、農山漁村、国土などの居住環境そのものが、人々の安全で安心して生き、暮らす基盤に他なりません。

本学会は、「健康・福祉・文化環境」として子孫に受け継がれていく「居住福祉社会」の実現に必要な諸条件を、研究者、専門家、市民、行政等がともに調査研究し、これに資することを目的とします。

〔活動方針〕

(1)居住の現実から「住むこと」の意義を調査研究します。

(2)社会における様々な居住をめぐる問題の実態や「居住の権利」「居住福祉」実現に努力する地域を現地に訪ね、住民との交流を通じて、人権、生活、福祉、健康、発達、文化、社会環境等としての居住の条件とそれを可能にする居住福祉政策、まちづくりの実践等について調査研究します。

(3)国際的な居住福祉に関わる制度、政策、国民的取り組み等を調査研究し、連携します。

(4)居住福祉にかかわる諸課題の解決に向け、調査研究の成果を行政改革や政策形成に反映させるように努めます。

学会事務局

〒466－8666　名古屋市昭和区八事本町101－2
中京大学　総合政策学部
岡本研究室気付
TEL　052－835－7652
FAX　052－835－7197
E-mail：yokamoto@mecl.chukyo-u.ac.jp

東信堂

書名	著者	定価
グローバル化と知的様式—社会科学方法論についての七つのエッセー	J・ガルトゥング 矢澤修次郎・大重光太郎訳	二八〇〇円
社会階層と集団形成の変容—集合行為と「物象化」のメカニズム	丹辺宣彦	六五〇〇円
世界システムの新世紀—グローバル化とマレーシア	山田信行	三六〇〇円
階級・ジェンダー・再生産—現代資本主義社会の存続メカニズム	橋本健二	三二〇〇円
現代日本の階級構造—理論・方法・計量分析	橋本健二	四五〇〇円
再生産論を読む—バーンスティン、ブルデュー、ボールズ=ギンティス、ウィリスの再生産論	小内透	三二〇〇円
教育と不平等の社会理論—再生産論をこえて	小内透	三二〇〇円
現代社会と権威主義—フランクフルト学派権威論の再構成	保坂稔	三六〇〇円
ボランティア活動の論理—阪神・淡路大震災からサブシステンス社会へ	西山志保	三八〇〇円
現代環境問題論—理論と方法の再定置のために	井上孝夫	二三〇〇円
日本の環境保護運動—理論と環境教育 批判的カリキュラム	長谷敏夫	二五〇〇円
記憶の不確定性—社会学的探求	松浦雄介	二五〇〇円
日常という審級—アルフレッド・シュッツにおける他者・リアリティ・超越	李晟台	三六〇〇円
イギリスにおける住居管理—オクタヴィア・ヒルからサッチャーへ	中島明子	七四五三円
人は住むためにいかに闘ってきたか—〔新装版〕欧米住宅物語	早川和男	二〇〇〇円
〔居住福祉ブックレット〕		
居住福祉資源発見の旅—新しい福祉空間、懐かしい癒しの場	早川和男	七〇〇円
どこへ行く住宅政策—進む市場化、なくなる居住のセーフティネット	本間義人	七〇〇円
漢字の語源にみる居住福祉の思想	李桓	七〇〇円
日本の居住政策と障害をもつ人	大本圭野	七〇〇円
障害者・高齢者と麦の郷のこころ—住民、そして地域とともに	伊藤静美・田中秀樹・加藤直人	七〇〇円

〒113-0023 東京都文京区向丘1-20-6 ☎TEL 03-3818-5521 FAX 03-3818-5514 振替 00110-6-37828
Email tk203444@fsinet.or.jp URL: http://www.toshindo-pub.com/

※定価:表示価格(本体)+税